HOUSTON PUBLIC LIBRARY

D1613568

READING POWER
En Español

> ## Vehículos de alta tecnología <

Aviones
supersónicos

William Amato

The Rosen Publishing Group's
Editorial Buenas Letras™
New York

Published in 2003 by The Rosen Publishing Group, Inc.
29 East 21st Street, New York, NY 10010

Copyright © 2003 by The Rosen Publishing Group, Inc.

All rights reserved. No part of this book may be reproduced in any form without permission in writing from the publisher, except by a reviewer.

First Edition in Spanish 2003
First Edition in English 2002

Book Design: Christopher Logan

Photo Credits: Cover, pp. 6–7 © George Hall/Corbis; pp. 5, 20–21 © U.S. Air Force photo; pp. 8–9, 12–15 © Aero Graphics, Inc./Corbis; p. 11 © Roger Ressmeyer/Corbis; p. 17 © Index Stock Imagery/Walter Geiersperger; pp. 18–19 © Photri Inc.

Amato, William.
    Aviones supersónicos / William Amato; traducción al español: Spanish Educational Publishing.
    p. cm. — (Vehículos de alta tecnología)
    Includes bibliographical references and index.
    ISBN 0-8239-6880-4 (library binding)
    1. Supersonic planes—Juvenile literature. 2. Jet planes,
    Military—Juvenile literature. 3. Concorde (Jet transports)—Juvenile
    literature. 4. Spanish Language Materials. I. Title.

    TL551.5 .A43 2001
    629.132'305—dc21
                                    2001000275

Manufactured in the United States of America

Contents

Aviones supersónicos   4

Construcción   6

Diferentes tipos   10

Los vuelos del futuro   20

Glosario   22

Recursos   23

Índice/Número de
  palabras   24

Nota   24

Aviones supersónicos

Los aviones supersónicos son los más veloces del mundo. Vuelan a más del doble de la velocidad de los otros jets. La mayoría de los aviones supersónicos los utilizan los militares.

¡ES UN HECHO!

Supersónico significa "más rápido que la velocidad del sonido". Al nivel del mar el sonido viaja a 760 millas (1,223 km) por hora.

Construcción

Los aviones supersónicos son estrechos y puntiagudos.
Eso los hace más veloces.

Tienen grandes motores. El motor empuja aire por el tubo de escape. Eso impulsa al avión.

Diferentes tipos

Casi todos los aviones de combate
viajan a velocidades supersónicas.
Los aviones de combate tienen alas
cortas y delgadas. Así el piloto
puede dar vueltas rápidamente.

El equipo de vuelo Blue Angels es parte de la Marina.

Éste es el bombardero B-1B Lancer. Puede viajar grandes distancias sin parar a cargar combustible.

El equipo del B-1B Lancer hace que el radar del enemigo no funcione bien.

¡ES UN HECHO!

El radar busca aviones
con ondas de radio.
Las ondas rebotan en aviones
y éstos aparecen
en la pantalla de radar.

Éste es el único avión supersónico para pasajeros. Transporta personas de ciudad a ciudad. Viaja entre Europa y los Estados Unidos.

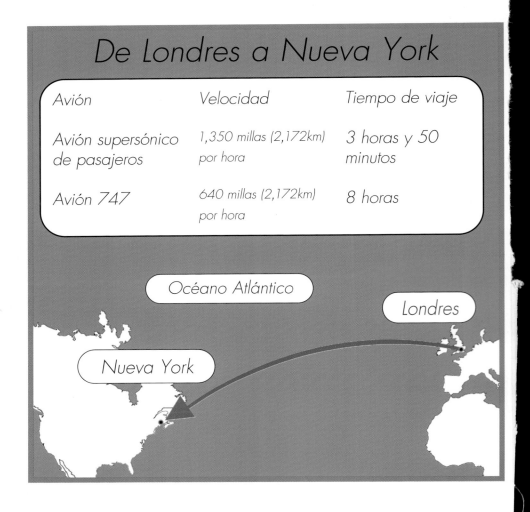

De Londres a Nueva York

Avión	Velocidad	Tiempo de viaje
Avión supersónico de pasajeros	1,350 millas (2,172km) por hora	3 horas y 50 minutos
Avión 747	640 millas (2,172km) por hora	8 horas

Océano Atlántico

Londres

Nueva York

Las alas del avión supersónico para pasajeros tienen forma de triángulo. Eso ayuda a que vuele a velocidades supersónicas.

¡ES UN HECHO!

Este avión almacena el combustible en las alas.

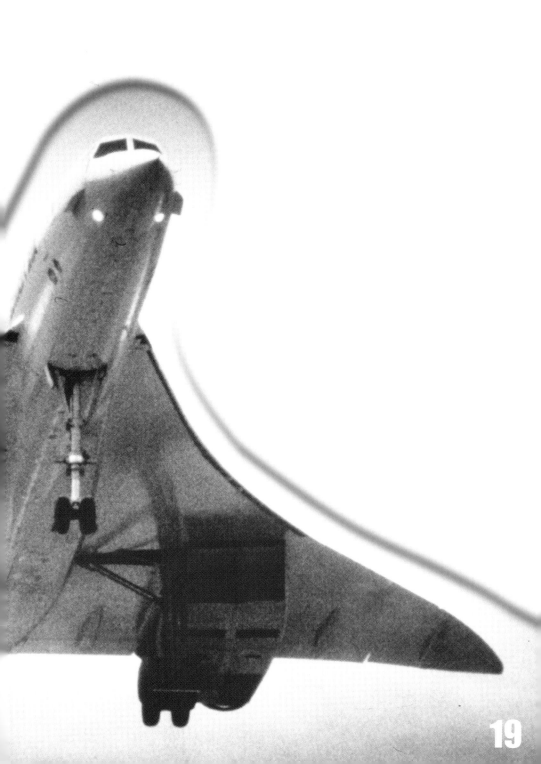

Los vuelos del futuro

Los aviones supersónicos han cambiado el mundo. Han hecho que los viajes sean más rápidos. Son una parte importante de nuestro mundo.

Glosario

aviones supersónicos (los) aviones que viajan a más de 760 millas (1,223 km) por hora

militares (los) hombres y mujeres que trabajan en las fuerzas armadas

radar (el) máquina que busca aviones en el cielo con ondas radiales

Recursos

Libros

Jet Fighter: The Harrier AV-8B
Julie Beyer
Children's Press (2000)

Supersonic Fighters: The F-16 Fighting Falcons
Bill Sweetman
Capstone Press (2001)

Sitios web

Debido a las constantes modificaciones en los sitios de Internet, PowerKids Press ha desarrollado una guía on-line de sitios relacionados al tema de este libro. Nuestro sitio web se actualiza constantemente. Por favor utiliza la siguiente dirección para consultar la lista:

http://www.buenasletraslinks.com/ht/
avionessp/

Índice

A
aviones de combate,
 10

C
combustible, 12, 18

E
Europa, 16

M
militares, 4
motores, 8

P
pasajeros, 16, 18

Número de palabras: 185

Nota para bibliotecarios, maestros y padres de familia

Si leer es un reto, ¡Reading Power en español es la solución! Reading Power es ideal para lectores hispanoparlantes que buscan un nivel de lectura accesible en su propio idioma. Ilustrados con fotografías, estos libros presentan la información de manera atractiva y utilizan un vocabulario sencillo que tiene en cuenta las diferencias lingüísticas entre los lectores hispanos. Relacionando claramente texto con imágenes, los libros de Reading Power dan al lector todo el control. Ahora los lectores cuentan con el poder para obtener la información y la experiencia que necesitan en un ameno formato completamente ¡en español!

Note to Librarians, Teachers, and Parents

If reading is a challenge, Reading Power is a solution! Reading Power is perfect for readers who want high-interest subject matter at an accessible reading level. These fact-filled, photo-illustrated books are designed for readers who want straightforward vocabulary, engaging topics, and a manageable reading experience. With clear picture/text correspondence, leveled Reading Power books put the reader in charge. Now readers have the power to get the information they want and the skills they need in a user-friendly format.

+ SP 629.132 A

Amato, William.
Aviones supersonicos

Collier JUV CIRC
07/05

DISCARD

hcolx
Houston Public Library